GREATEST
Weegie
Wan-
Liners

GREATEST
Weegie Wan-Liners

Ian Black

BLACK & WHITE PUBLISHING

First published 2012
by Black & White Publishing Ltd
29 Ocean Drive, Edinburgh EH6 6JL

1 3 5 7 9 10 8 6 4 2   12 13 14 15

ISBN   978 1 84502 488 8

A CIP catalogue record for this book is available
from the British Library.

Typeset by RefineCatch Limited, Bungay
Printed and bound in Poland
www.hussarbooks.pl

A Weegie Two-Liner

Rumours that after the match the Rangers squad was seen successfully seducing young women in a Glasgow nightclub with one-liners have been completely refuted by this month's manager, Ally McCoist.

He states: 'I find it totally preposterous to suggest that any of our players could make a successful pass to, or at, anyone.'

Introduction

If you are woman (or man) enough to look a detractor, or lesser-spotted numpty, in the eye and say, 'Ahd call ye a fanny, pal, but you seem to me to lack warmth and depth', then this may well be the very book for you.

Contained herein is a distillation of the finest of one of the skills for which Glasgow is rightly and fondly renowned, the pointed and deliberate jibe or crack-back. We are good at it. Who but a Weegie would ask, 'Ur ye inty casual sex, or should Ah dress up?', and where else would you be queried as to which window you wish to take your departure through?

We are masters of the faintly ominous, as in, 'The last thing ah want tae dae is hurt ye, but it's still oan the list', as well as the direct, 'Heh, glaikit, you've goat a face like a hoarse in the huff'.

Use these words if you wish, but be very, very careful on whom you use them.

Ian Black
2012

Weegie Questions

Ye huv the right to remain silent, but ye don't huv the ability, dae ye?

Ye said 'naw' tae drugs, did ye? They wurny listenin, wur they?

Aye, sure, Ahd like tae
help ye oot, whit wey
did ye come in?

Ur ye inty casual sex,
or should Ah dress up?

An which dwarf ur you?

10,000,000 sperm an
you were the fastest?

Wi enough force,
pigs fly just fine.
Want tae join them?

Dae ye still love nature, son, despite whit it did tae ye?

Dae ye want folk tae accept ye as ye ur or dae ye want them tae like ye?

Ahm busy the noo.
Kin Ah ignore ye some
other time?

Whit's your problem, pal?
Ahm bettin it's hard
tae pronounce.

Whit um Ah?
Flypaper for freaks,
ya fat fud.

Naebuddy likes ye,
surely ye remember?

Weegie Threats
and Insults

The last thing Ah want
to dae is hurt ye. But it's
still oan the list.

Haw, wee man. Ye know whit? When it rains, you'll be the last wan tae know.

Listen, bampot features, when you were born they slung the wean and kept the afterbirth.

Ah thoat Ah saw your name on a loaf the day, but when Ah looked closer it said 'thick cut'.

Heh, glaikit, you've got a face
like a hoarse in the huff.

Yon chin ae yours looks like a docker's kneecap.

When they wur gein oot
bellies you jumped the queue
cause you thoat they said
jellies, didn't ye, fatso.

Yer feet are that big, that if ye threw a shoe in the Clyde it wid be a hazard tae shippin.

Wae they ears ye look like a taxi wi the doors open.

Cheer up, son, ye've a face
like a wet Ferr Friday.

Yer burd's that ugly, she'd frighten a sailor aff a raft.

If ye wur a McDonald's snack
ye would be a Fillet-A-Fish . . .
Naebuddy likes ye, but yer
always there.

WHAT THE HELL IS
THAT OAN YER NECK?!
Aw, right, it's jist yer heid.

Whatever kind of look ye
were goin for, ye missed.

Don't look at me yon wey or Ahl split ye in three whole halfs.

Your teeth ur like the Ten
Commandments: a' broke.

Instant eejit. Jist add alcohol.

Tesco needs you.
They've run oot ae stupit.

Ahd call ye a fanny, pal, but ye seem tae lack warmth and depth.

Here's a pound, numpty,
away oot an buy yersel a life.

Pick a windae, pal, yer leavin.

If Ah agreed wi you
we'd baith be wrang.

Ah didny say it wis your fault,
Ah said Ah was blamin you.

You, plouk-puss, think
Johnny Cash is whit it
costs fur condoms.

Your teeth ur like a row ae
bombed hooses – since 1944.

Away and iron yer face,
ya auld besom.

God must love stupit people.
He made you an millions merr.

Ahd like tae see things fae your point ae view but Ah canny seem to get ma heid that far up ma erse.

Ah don't have an attitude
problem. You've goat a
perception problem.

You, pal, ur a waste ae two
billion years ae evolution.

If yer looking for sympathy, Jimmy, you'll find it in the dictionary between 'shit' an 'syphilis'.

If Ah wanted tae hear from an arsehole Ah wid huv farted.

Everybuddy has the right
to be stupit, but you ur
abusing the privilege.

You ur multi-talented,
so ye ur. Ye can talk and piss
me off at the same time.

You've goat merr issues than the Evenin' Times.

Heh you, aye, you,
the oxygen thief.

Don't annoy me. Ahm running
oot ae places tae pit bodies.

When they put teeth in your mooth, they spoiled a perfectly good erse.

Jist because you've goat a prick disny mean you huv tae act like wan.

Don't play stupit wi me –
Ahm better at it.

You ur a spherical arsehole. Nae matter which way ye turn, yer an arsehole fae every angle.

Wae a face like yours,
every day is Halloween.

Ahd like tae leave you wi wan thought, but Ahm no sure you've goat anywherr tae pit it.

Jim, Ah could eat a bowl ae
alphabet soup an shite a
better argument than that.

Yer jist no yersel the day.
Ah noticed the improvement.

Be yersel?
Bad advice fur you, son.

Ah don't know whit makes ye
that stupit, but it's workin.

If whit ye don't know canny
hurt ye, then you, boy,
ur bastartin invulnerable.

If your brain wis chocolate it widny fill a Smartie.

Save yer breath, ya numptie, you'll need it tae blow up yer girlfriend later oan.

You've goat that many
slates missin you ur due
a Cooncil grant.

You've goat a mooth oan ye
like a camel eating toast.

You wid be oot yer depth
in a car park puddle.

If ye were any stupiter,
we'd huv tae water ye
twice a week.

If shite wis music,
bawbag, you'd be an
orchestra.

Calm yersel doon, boy, or Wullie here will show ye the 'knife in the bampot' trick.

Ahd bet money that when ye steyed at Michael Jackson's as a wean, he made you sleep in yer ain bed.

Names

They ca' him Compass –
his nose goes North an his
ears go South.

Baker ower therr?
The weans are gone.
Noo it's only him an his tart.

The Balloon is always sayin:
'Don't let me down.'

He aye makes a bolt fur the door when it's his round – that's why they cry him Blacksmith.

The Depth Charge,
he's always after a sub.

They ca' him The Ghost –
always moanin.

Harpic? He's clean
roon the bend.

The Lame Kangaroo?
He husny had a jump in years.

Whenever Jigsaw is asked
tae dae something he
goes tae pieces.

They ca' hur The Olympic
Torch – she never goes oot.

Weegie Philosophy

Don't walk behind me,
for Ah may not lead.
Don't walk ahead of me,
for Ah may not follow.
Don't walk beside me, either.
Just bugger aff, wid ye?

Wan big voddy, two big voddy,
three big voddy, more.
Four big voddy, five big voddy,
six big voddy, floor.

Shame aboot him.
He's marchin tae the beat
ae a different kettle ae fish.

Don't take life sae seriously,
son. It isny permanent –
especially if it's yours.

Ah feel as if Ahv goat a face
like a dollop ae mortal sins.

Jist say naw. Then negotiate.

Whit's fur ye wullny go bye ye,
and ye deserve it, ya fanny.

If ye don't care where ye ur,
then yer no loast.

In Possil, it's sad how hale femlies ur torn apart by simple things, like a pack a wild dugs.

Ahv goat plenty ae talent
and vision and that.
I just don't give a shit.

Ahd crawl a million miles
across broken gless tae kiss
the exhaust ae the van that
took hur durty knickers
tae the laundry.

Ahv goat the wisdom ae
youth, and the energy
ae old age.

Insults to Men

He's no stupit –
it's kinda like he's possessed
by a retarded ghost.

He's the kind o a fella that ye could yase as a blueprint to build an eejit.

If he was ma dug, Ahd shave
his erse and teach him to
walk backwards.

They scars ae his? A lifetime
ae playin tig wi hatchets.

He's goat a face like a forty shilling piss pot – pure white, but a' chippit.

The only big thing aboot him is his ears – he looks like an elephant wi the wind behind him.

Aye shame. His maw couldny breastfeed him – he wis curdling the milk.

Him, he's suffering
fae bottle fatigue.

Fat? He can sing a
duet on his ain.

That yin! A hoor once told him
she hud a headache.

Ma Peter and sex?
This morning Ah yased
him tae time an egg.

Him, he's goat an IQ ae two.
It takes three tae grunt.

Ah keep thinkin, if he talks enough, someday he'll say somethin intelligent. Ahm a haudin ma breath? Naw.

Ma man is nae good at sex,
but he's thinking ae takin
it up as a hobby.

Ah thoat aboot him aw day the day. Ah wis at the zoo.

Ahv hud a really good time,
but this wisny it, ya bam.

Ma Peter is good lookin,
the trouble is his teeth are
brighter than he is.

Ah'll never forget the first
time Ah met him.
Christ knows Ah keep tryin.

He's that narra mindit that when he walks his earrings knock thegither.

Ma Toammy? He's goat hunners ae well-wishers. Everybuddy wants tae throw him doon wan.

Sorry, pal, Ah canny put small objects in my mooth or I'll choke.

Him? The only place he's ever invitit tae is ootside.

A shag? How about never,
fannybaws?

Ahl try being nicer if youse try bein better lookin, bawbag.

Ma Mick? Ye could yase his prick tae stitch tapestry if it wisny attached.

Eejit heid? Yon makes
The Elephant Man look
like Mr Universe.

Insults to Women

When she undresses ye hear the Lycra breathe a sigh ae relief.

She's that ugly she tried tae take a bath and the water jumped oot.

She's cured hunners
ae Peepin Toms.

She's handled merr ba's
than Allan McGregor.

She's been cocked merr times
than Elmer Fudd's shotgun.

She's seen merr
stiffs than Quincy.

She's that ugly, she'd
frighten a monkey oot
ae a banana tree.

She's goat a face that could
make an onion greet.

She's goat a face on her that would drive rats fae a barn.

She's goat merr chins than a
Chinese phone book.

She's seen more Jap's eyes
than an Oriental optician.

It's like shaggin the sleeve
aff a wizard's cloak.

She's that bandy, she couldny
stop a pig in a close.

When she sucks a lemon,
the lemon pulls a face.

She's goat an erse like
a bag ae washin.

She wears enough make-up
tae sink a ship.

She sweats like a dug in a
Chinese restaurant.

She's goat a face like a stuntman's knee.

It's like shaggin a pail a water.

She's seen merr cock ends
than weekends.

She's that ugly no even a
sniper would take hur oot.

She's done merr lengths
than Duncan Goodhew.

Even the tide widny
take hur oot.

She's goat merr fingerprints
oan hur than Scotland Yard.

She's had merr seamen
than Saltcoats.